# 아름다움은
# 눈물빛이라

아름다움은 눈물빛이라

초판 1쇄 인쇄 2009년 10월 10일
초판 1쇄 발행 2009년 10월 15일

지은이 | 이병만
펴낸이 | 金泰奉
펴낸곳 | 도서출판 띠앗
등 록 | 제4-414호

편 집 | 박창서, 김주영, 김미란
마케팅 | 김영길, 김명준
홍 보 | 장승윤

주 소 | (우143-200) 서울시 광진구 구의동 243-22
전 화 | (02)454-0492
팩 스 | (02)454-0493
이메일 ddiat@ddiat.co.kr
홈페이지 www.ddiat.co.kr

값 7,000원
ISBN 978-89-5854-066-3 (03810)

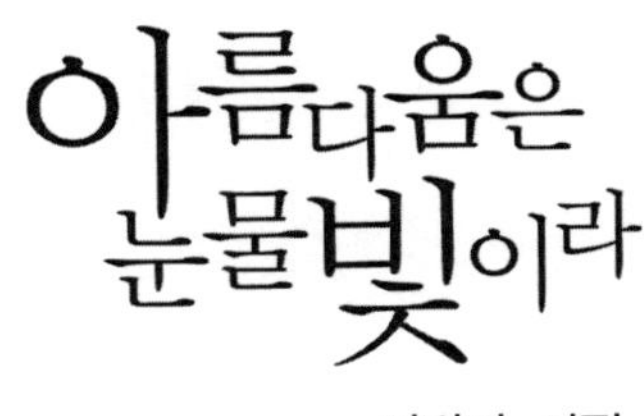


이병만 시집

도서출판 띠앗

## 저자의 말

원적산 자락 아래로 한내천이 길게 휘어져 흐르는 벌판, 시골 동리에서 태어나 서울로 와서 산 지가 40여 년.

서울 친구들 만나면 시골 분위기가 그립고, 시골 동무들 만나면 아무래도 난 도시 애들이 맞는 거 같고, 솔직히 난 짬뽕이 됐다.

하지만 지금도 초봄이면 나물 뜯으러 다니고, 여름엔 천렵 다니고, 초가을엔 버섯 따러 다니고, 겨울엔 산토끼 꽁무닐 쫓아다니니 촌놈이 맞다.

오랜 세월 산야를 헤매고 다니며 절간 난간에 고요히 앉아있길 즐기다가, 하도 허물 많고 죄가 많다 여겨져 참회하며 살자고 성당 다닌 지가 4년째다.

무엇 하나 출중함이 없이 맘 가는 대로 살다 보니 늘 탐욕이 앞섰고, 교만도 지나치고, 어리석고 고된 삶이었다. 다만 자연을 유별히 좋아하여 산과 강과 바다로 뛰어다님은 아무리 성찰해도 못 버릴 내 태생적 성향이다.

내 인품이 엉성하듯 글도 부끄럼투성이다.

그러나 어쩌랴. 세상과 자연이 내게 어떤 감흥을 주고, 난 옮겨 쓰고 싶었는데 내 수준대로 토해낼 수밖에 없지 않은가!

난 기교나 위선을 선천적으로 싫어한다. 어려운 말장난을 할 줄 모른다. 그냥 먼저 담백히 날 보여 주고 맑은 마음 받길 원한다.

깊이 참회하고 기도 바치며 작게라도 나누며 살려 한다. 멀쩡한 육신 아껴서 뭣하랴. 부족한 데 보태고 위로 주고 위로받고 늘 평온을 위해 기도하고 싶다.

먼저 낸 세 권의 내용을 추려서 계절별로 묶고 요즘 쓴 신앙 글 한 편을 덧붙였다.

부디 제 미흡함을 넓게 용서하시길,

부족한 저를 바른 길로 이끌어 주시길….

이병만

목차

## 1장. 봄

## 2장. 여름

## 3장. 가을

## 4장. 겨울

1장

spring

## 봄

사뭇 은근히
고개를 기대고
병아리 깃털 노오란 온기에
새근새근 금세 잠이 오는지
꽃잎 하나 물고
여리고 연하게
봄은 온다

# 불사의 봄밤

물 한 방울 떨어진다
모진 맘 먹고
수십 번을 벼르다
차고 매섭게 떨어진다

불사(佛寺)의 처마 끝
겨우내 묵은 얼음 녹아
수백 번의 망설임 끝에
심야(深夜)를 가르며
매섭게 떨어진다

풍경소리 가늘게
어둔 밤 품속에 젖고
숲이 숨죽여 에워 섰는데
수천 년을 지켜온 돌쩌귀 위에
맨몸으로 떨어진다

수만 년 묵은 침묵을 가르면서
제 한 몸 부서질 듯이
차고 매섭게 떨어진다

# 그대 말없음으로 인하여

그대 말없음으로 인하여
겨울이 길었다오

사방이 막히고
지반이 가라앉는
독방의 투혼이 내겐
너무 길었다오

창밖으론
보슬비가 내리는
밤이면 간지럼 탈 만큼
포근함이 배이는
봄,
봄이 오는 모양이오

눈 감고도 청평의 남빛 강물이
가슴 넘치게 쳐들어오고
그대 가까이 없음에도
모란꽃 지는 산사(山寺)의 석양(外陽)빛이
그대 풀빛 향에 취해
내 두 눈을 감긴다오

그대 말없음으로 인하여
내게는
겨울이 길었다오

# 봄 길

뒷담 타고
노란 꽃무덤 아래
암탉의 졸음이 보이고
물바가지 열리듯
병아리 가슴털에 묻어
봄은 온다

간밤
꿈결에 본
사자(死者)의 슬픔은
한 떼의 돌개바람에
날아가 버리고

사뭇 은근히
고개를 기대고
병아리 깃털 노오란 온기에
새근새근 금세 잠이 오는지
꽃잎 하나 물고
여리고 연하게
봄은 온다

## 요령소리

다 탄 심지
새로 갈고
혹 잠들까
목침 다시 고쳐 베고
사립문 달랑거리는 바람소리
행여 누가 오시나?

매양
봄에 드는 밤은
부드럽고 정겨워

사춘기에 본
새벽 요령소리
내가 지금 그 길인가?
돌아가는 길 같은데
누굴 기다리나

엷은 눈꺼풀
가슴에 붙이고
요령소리 청해 볼까
천국엔 누가 사는지
행여 누가 보이는지

# 파밭 근처에 가 보셨나요?

파발 근처에 가 보셨나요?
따사로운 늦봄 정오쯤 해서
돌계단 층층이
산수유 만개한 산골
텃밭머리엔
허리춤도 넘어서는 시퍼런 파밭이 있었는데
파꽃머리가 주먹만 해서
흠벅지기가 달무리 같던

왕텡이벌, 말벌, 땡비벌, 힘없는 꿀벌부터
호랑나비, 배추나비, 징그러운 산나비까지
퍼득거리고, 잉잉거리고, 침 찌르고, 달라붙고,
연신 날아오고, 날아가고…

등 너머 산바람 타고
보리밭 출렁거릴 때
시장기 잊은 채로
한바탕 벌어진 파밭의 공중전(空中戰)에
까맣게 정신 홀려서
늦봄의 풍경에 끼었던 시절

파밭 근처에 가 보셨나요?
간밤 소낙비는 들판을 적셔내고
돌밭머리 시퍼런 파밭에는
벌 나비 떼가 잉잉거렸을 텐데
파밭 근처에 가 보셨나요?

# 봄동산

당신의 눈물 속에는
참꽃 바알갛게 번진
뒷동산이 보여요
배고파 어릴 적
한 아름씩 꺾어 들고
담쑥담쑥 입에 물어 보던
봄동산이 보여요

당신의 가슴속 한복판에는
흥겨운 콧노래로
풀뿌리 좌우로 제껴가면서
신명나게 흘러가는
또랑물 소리 들려요

당신의 꿈속에는
까망치마 물들여 입고
논두렁 봄나물 뜯던
누이들 뒷꽁무닐
부끄러이 따라다니며
미나리아재비, 고들빼기, 쇠스랑깨비
한 바구니 뜯어다가

우물가에서 씻어보던
봄바람 소리 들려요

# 언젯적 일이라고

슬픈 얘기 하지 마
내게 슬픔 비슷한 낌새도 보이지 마
먼 기억에 묻은 지가 언제인데
그 비슷한 눈빛 한번도 내게 주지 마

지나는 바람결이
다감히 웃고
드높이 창공을 차오르는 새도
우리의 영혼을 울타리 쳐줄 뿐
슬픈 노래는 안 부르잖니

들을 적시는 봄이 오고
푸르게 퍼지는 종소리 들으며
샘이 돌고
생명이 다툼하여 피는데
언젯적 일이라고 그런 얘기를
슬픈 얘기가 언젯적 일이라고

# 모란

뜰 앞에 모란꽃
치마폭 탐스러이 늘어뜨리고
붉게 피다

치렁치렁 흔들리는
잎무덤 거느리고
신부의 뜨거운 입술처럼
황홀하게 타올라
달빛 만개한 밤
낮에 다녀간 숫벌의 입맞춤을 못 잊어
바람결에 수런수런 서성거리며

맨살의 붉은 나신(裸身)
달빛 그늘에 가리고
꿈을 꾸는구나
달무리 빙빙 도는
태몽 꿈을 꾸는구나

# 꿈꾸는 산

산아
비 맞고 난 네 얼굴
단잠에서 막 깨어난 애
금세 달려가
세수하고 온 얼굴
참 너는 맑구나

밤새 불어난
발아래 냇물에는
누가 물감 넣었을까?
햇쑥을 이겨 넣은 눈빛을 하고
어깨 들먹거리며
뭐라고 연신 떠들며 가는구나

산아
꿈꾸는 산아
시내로 내려와 피라미 잡고
찰방찰방 냇가를 뛰어다니렴
그러다 정들면
시내를 사랑하고
며칠만 지나면

시내를 사랑한 네 볼과 가슴엔
분홍 문신이 금세 여기저기 피어 있을 텐데
부끄러워는 말고

# 어디 계십니까?

달 밝아
한 발짝 한 발짝
배꽃 서럽던 걸음으로
냇물 위에
봄이 닿았습니다

뜀박질로 달려온
가슴 한복판
영산홍 열기로
저리 상기된 표정으로
봄이 들떠 있습니다

미천한 내게
아름다움을 가르치신 이,
어디 계십니까?

달빛 아래 술렁이는
영산홍 꽃무덤 속에 숨어 계십니까?

산등성이 질펀히 드러누운
배꽃의 하얀 부끄럼 속에 계십니까?

시냇물의 반짝거리는 머리 위를
징검다리 디디며 건너는 달빛
그 현란한 흐느낌 속에 계십니까?

# 아름다움은 눈물빛이라

산다는 것은
슬프기도
아름답기도 한 것
그윽한 눈빛을 못 잊어
저 푸른 초봄의 바다
옥색 물빛을 마주보지 못하겠네

온화함이라니
그 다감한 조용함이라니
귓가에 와 닿던 속삭임은 어떠하고

맑디맑은
슬픔 투명히 비쳐 보여
아름다움은 눈물빛이라
나는 못 보겠네
저 푸른 초봄의 물살을!

# 벚꽃놀이

나 춤추러 갈래요
꽃무덤에 묻혀 나 춤추러 갈래요

굵고 가는 인연 모두 끊고
꽃무덤에 파묻혀
신명나게 춤추며 살다 갈래요
몰래 숨겨온 비애는
세상 한복판에 훌훌 벗어 던지고
온 몸에 연분홍 꽃문신 새겨 넣고서
내 한 몸 부스러지도록
나 춤추러 갈래요

수일간의 춤판이
돌개바람에 날아가 버리고
무너져 내린 정열의 찌꺼기로
흙탕물 범벅되어 떠내려가도
후회는 없을 것
나 춤추러 갈래요
꽃무덤에 묻혀 나 춤추러 갈래요

# 나는 당신을 사랑하지요

나는 당신을 사랑하지요
꾸밈없이 얼굴은 곱고
맘은 달빛처럼 평화로워
항시 외로움 타는 내게는
기대고픈 언덕이지요

나는 당신을 사랑하지요
티 없는 웃음 속에
박꽃의 순결이 빛나고
헤어짐을 아쉬워하는
당신의 조바심에는
내 보고픔 얼마만한 부피였는지
나는 알지요

나는 당신을 사랑하지요
당신 쓴 웃음 뒤에 숨어 사는
슬픈 질곡의 운명까지도
당신의 눈물과 절망
그리고 애처롭게 피우려는
마지막 소망과 절규까지도
나는 당신을 사랑하지요

# 들뜬 희망

내가 속으로 그대를 가만히 외우면
그대도 나를 찾아
머리맡 가까이 다가옵니까?
엊그제 흔들고 간 비바람에
꼬질꼬질 절은 때 말끔히 벗겨내고
금세 방실거리는 꽃들이 보임은
그대에 대한 내 사랑도
언젠가 희망이 있을 것임을 암시하는 것입니까?
못난 소리로 거듭 그댈 외워도
답신(答信)이 들리지 않습니다
그대가 나를 외면하기보다는
그대 가까이 닿지 못하는 나의 어리석음 탓으로
아직 빈 거리엔
봄바람만 살랑거리는 들뜬 희망일 뿐
나는 커튼을 내리고
자리로 돌아와 그만 숨고 말았습니다

# 봄소식

그대여
내가 부르는 노래가
그곳에 이르렀나 봅니다
황색 흙먼지 일구며
달겨드는 벌판 바람이
아무리 세차게 두 볼을 후려쳐도
코끝에 묻는, 귓불을 간지르는 부드러움
숨길 수 없습니다

숨죽인 가지에
향(香)을 지피는
봄의 전갈(傳喝)입니다

그대는
내가 만든 텃밭에
뿌릴 씨앗을 준비했겠지요
산천초목에 영혼을 불어넣는 종소리 울려 퍼지고
새떼들 개나리 덤불에 모여들기 시작했습니다
맨땅을 비집고 나온 목단의 새순
화사한 꿈을 준비하는 목련의 두려움
눈감고 나는 기다립니다
그대로부터의 기쁜 봄소식을

# 벚꽃 노래

호호호호
어디선가 까르르 쏟아지는
웃음소리가 들리오
까마득히 사라지는

화안히
방울방울 들여다보이는
꽃등을 단
눈망울들이 보이오
속마음 환히 비치는

하얀 눈물로 짠
맑은 수정(水晶)의 가슴
그 숨소리 느껴지오
순수의 백지(白地)에 떨어지는
착한 눈물의 노래가
기쁨의 입가에 가득 찬

# 목련

우아한 여인이여!
맑은 하늘에 비친 얼굴
그대 흰 볼에 청순함이 넘치는구려
그대 바라보는 창가로
버들강아지 눈 틔는 봄이 당도하고
실개울 물소리가 찰랑찰랑
그대 푸른 혈관 속에 넘쳐흐르고 있소

오! 우아한 여인이여
그대를 꿈꾸어
그대 모르게 가지런한 그대 눈썹에
살며시 앉아 보는
내 작은 기쁨과 슬픔
그대 앞에 차마 서지 못하고
그대 몰래 옆모습으로 훔치는
내 비밀한 기대와 절망
그대 흰 가슴이 알고 있는가?

오! 우아한 여인이여
시동 걸린 봄기운은 내 턱밑까지 널름거리오

그댈 꿈꾸는 내 가슴은
물방아처럼 쿵쿵 뛰건만
전할 길 없는 내 마음
그 방도를 몰라 애태운다오
그대 앞에 설 수 없는 몸
차라리 그대 우아함이 돋보이도록
그대 등 뒤로 돌아가
몇 송이 흰 구름으로나 피어오르려 하오
오! 나의 우아한 여인이여

# 백일몽(白日夢)

도심의 뒷골목
허름한 건물 창틈에 커튼이 흔들립니다
바람이 모는 대로
화병 걸린 실업자처럼
벌떡 일어나 앉았다가
옆으로 고꾸라지듯 자빠지기도 하고
다시 부들부들 떨면서 일어나 돌아다닙니다
커튼이 되기 전에
세상을 모르고
땅 속에 숨어 지내던
원탄(原炭)이나 원유(原油)가 되고 싶은지
힘없이 벽에 기대서 있습니다

옥상 전깃줄에
빨래 몇 점이 날립니다
새처럼 푸드득 허공으로 날아오르다가
잽싼 맞바람에 몇 번 날아보지도 못하고
별 저항 없이 주저앉아 버립니다
늦가을 뙤약볕 아래
온 밭 가득 하얗게 피었던 목화송이로
돌아가고 싶은지

사지를 늘어뜨리고
고향으로 돌아가는 백일몽(白日夢)에 잠겨
저리 매달려 있습니다

# 회춘(回春)

쾌쾌 묵은 과수(菓樹)에서
꽃이 벙그러진다

노익장을 과시하듯
눈마다 샘마다
허연 정액(精液)을 뿜어내서
촌동(村洞)이 회춘(回春)에 들떠 있다

어김없이
빗줄기 몇 번 긋고 가더니
바람이 배시시 웃으며 나타나고
언덕배기 과수원에는
어린 것 늙은 것 죄다
꽃범벅칠이다

낮으론 벌 나비가 분주히 중신을 서고
달밤엔 그늘 밑에 밀교(密交)가 성행(盛行)하면
늦여름께엔 멍석 깔고 앉아
복숭아 자두가 소반 가득 올라오겠다
뒷집 순철네도 손주 보겠다

# 금빛 깃발

내 진실로 그대 사랑하였음은
긴 눈물로 갈음할 순 없지만
도랑물 소리에 실버들 푸릇푸릇 눈 틔고
앵두꽃에 소복이 벌 나비 덤벼들 땐
바람에 불려 가는
순박한 죄과(罪過) 되었네

다시는
그대 이름을 가까이서 부를 수 없어
꿈길로 쫓다 놓친 그대 손길은
단내 나는 그리움에
내 눈 감아야 참을 수 있는 잔인함 되었네

마음속 깊이 그댈 우러름은
내 지존(至尊)의 금빛 깃발
탐욕과 좌절의 안타까움 속에서도
고개 들어 바라보면
언제나 맑게 빛나는 하늘
숭고한 밀림의 향기가 되는
신앙이 되었네

## 등꽃

물꼬에 옹알옹알 모인 올챙이들
아직 바람은 수면중

잔디 파아라니 머리 들다
이슬방울 쪼로록 미끄럼 타면
샛잎 하나 둘 잠깨는 아침
자줏빛 향취 밤새 고였다

뒷밭 장다리꽃 노란 가슴에
벌 나비 떼가 와락 달겨들다

바람 자고
아침 열리는 뜰
푸른 설레임 달고
등꽃이 피다

누구라도 한 번
그 빛 배이면
그리워 않곤 못 배길
등꽃이 피다

## 너를 사랑할 땐

어디 까마득한 하늘 속을 날고 있는 것 같았어
수천 길 벼랑으로 떨어지면서도
투명 날개를 달고 아래 세상을
휘황하게 내려다보고 있었어
남풍에 밀리는 새털구름이
유유로이 산기슭을 오르고 있었어
너를 사랑할 땐
네 머릿결 내음에 기대 있을 땐

끝일 것이라고 여겼어
더 이상의 바램은 없을 것 같았어
네 향기는 내 온 육신을 휘감고
영혼에 끈을 매어
신비의 푸른 숲 속으로
찰방찰방 발목 간지럼 태우는 시냇가로
쉼 없는 꽃무덤 속으로 나를 끌고 다녔지
너를 사랑할 땐
네 마음 내게 기대 올 때는

## 스무 번쯤의 오월

콧바람 속에
오월의 열정이 묻어 있다
등나무 손들이 사방으로 넌출거린다
호시탐탐 표적을 노리는 내 탐욕의 눈처럼

언제이고
스무 번쯤의 오월이
내 부끄러운 시간 속으로 와 앉으면
내 영혼은
바알간 숯불처럼 익어서
서편 노을만큼 곱게 피어 있을까?

쉼 없는 의문에 의문
퍼득거리고, 떨어지고, 기어오르고, 다시 떨어지고,
기어오르고…

아- 언제고 스무 번쯤의 오월이
오늘같이 내게 와 앉으면
화개 작설의 이슬 내음이
내 숨소리에 스며들어서
비스듬히 나무등걸에 기대

선한 눈빛으로
저 바람소리 듣고 있을까?
부처님 비슷이 웃음 짓고 있을까?

# 풀꽃

내 늘 꿈꾸는 사람
그에게로 가는 길은 고통스러웠다
언뜻언뜻 신비로
그가 나타나는 것을 보았지만
나는 그때마다
내 초라한 짓거리에 안타까웠다

그에게로 가는 길이 힘들어
너무나 높이 걸려있는 빛이어서
나는 포기하고 말았다
내 짧은 손에 발꿈치 세워 바둥거려 보았지만
장댈 빌려다 허우적거려 보았지만
잡히지 않는 허상(虛像)이었다

향기를 들으면서도
나는 절망했다
그의 음성을 체험하면서도
무수히 나는 죄지었다

하늘에 떠가는 구름이 되지 못하고
연못에 내리는 달빛이 되지 못하고

수차례 절망과 탄식 끝에
비로소 평이(平易)한 풀꽃임을 나는 알았다
가슴 치며 통곡했지만
실수하고 번민하는 무리 중에 있었다

나는 풀꽃이었다

# 서낭당

서낭 밑에 돌무덤 수북하고
휑하니 지나는 바람에
오색 댕기끈이 날린다

젊은 과수가 목을 맸다 하고
누구네 손주가 백일 정성으로 대(代)를 이었다 하고
낮길도 혼자서는 섬뜩해하는
아리고개 서낭당에는
돌개바람이 분다

애절복통하는 동네 아낙들의 울음 속에
상여가 떠나가고
젊은 여자가 남기고 간 쌍둥이는
하나는 죽고 남은 앤 누가 데려가고…

숨차게 넘어가던 마찻길
애들이 달라붙어 뒤를 밀고
백여우도 물어가지 않는 명태 서너 마리 때문에
시장기로 군침까지 삼켜 보던 서낭당에는
울긋불긋한 귀신들이 모여 살면서
애꿎은 목숨 잡아채 가기도 하고

기분 내키면 대 잇는 손주도 점지해 주면서
꽃댕기 사납게
바람이 분다

# 마지막 부분의 사랑

내
거칠은 세상
눈멀고 어리석어
정처 없이 헤매이다
흐릿한 시선
병약한 육신으로
마지막 부분으로 여겨질 생의 순간에
그대에게
내 하나뿐인 사랑
평생을 간직한 사랑
그대에게 힘없이 남루한 모습으로 돌아가더라도
내 소중히 비친 사랑
그대는
부드러운 가슴으로
병약한 내 영혼을 받아 주오

단 며칠 그대 곁에 머물지언정
그대 고운 눈길로 보아 주시고
그대 따스한 손길로 위로해 주는
마지막 부분의 사랑을
흐릿한 내 눈망울 속에 심고

외로운 들판
석양빛 아래
한 줌의 흙으로
소중한 그대 사랑으로
돌아가게 하여 주오

그대의 맑은 영혼
가녀린 그 손길로
지친 이마 쓸어주고
그대 무릎에 기대어
그대 신비한 향에 취해
한 줌의 흙으로
한 줌의 사랑으로
돌아가게 하여 주오

소중한 내 사랑
그대에게로
돌아가게 하여 주오

# 옥색 블라우스

그가 온다
옥색 블라우스 받쳐 입고
페퍼민트 향을 풍기며
길 가장자리
연다지, 꽃다지, 나생이, 민들레
노랗게 하얗게 피고
눈 맑게 하는 도랑물 소리
청명함이 넘치는데

산들산들 연둣빛 눈웃음에는
장난기 담긴
천진스러움

그가 온다
옥색 블라우스 받쳐 입고
페퍼민트 향을 풍기며
연다지, 꽃다지, 나생이, 민들레
노랗게 하얗게 핀
길 가장자리
연둣빛 날개를 달고
나비가 되어
사뿐사뿐 그가 온다

## 보초병

희미한 등불 아래
그대 정결한 잠
포근한 사랑에
곤히 잠든 당신
곁에서
가까이서
지켜주는 이, 나는
당신의 보초병

평화와 위안의 땅이
이곳이요,
그대 쉴 곳
내 곁 뿐이니
고운 꿈길에
슬픔을 씻고
깊고 푸른 잠 청하시오

당신 잠길 지키는 나
퍽 행복한 보초병이라오
자랑스런 당신의 사내라오

## 눈빛 하나로

눈빛
그대의 부드러운 눈빛
그리움으로
그대 바라보면
그대는 눈빛으로
풀밭 같은 평화를 지어 주시네요

눈빛
단 한번의 마주침으로
그대 깊은 사랑
전율 되어 느껴지네요

눈빛
그대 눈빛
며칠 만에 대하는 눈인사
나는 알지요
담박 알지요
내 보고픔 길고 깊었음을
부드러운 손잡음이 없더라도
그대 진실로
소중히 내 사랑하심을

내 보고픔 간절하심을
나는 알지요
담박 알지요

## 님의 노래

님은 멀리 있어도
비는 내리네
텅 빈
내 빈한한 창고에
님 그리움으로
털깃 내려 쌓이듯
긴 목메임
그대 보고픔

님을 보리라고
비는 내리네
멀리 있어 가까이 갈 수 없는 님
빗소리 사이사이
나지막이 부드러운 음성으로
나를 부르시네

눈물로 젖은 곡간
발목 묻히도록 채워 주시는
보배의 사랑
오! 보고픈 님
내 님이시여!

# 그리움 · 1

화사하고
새순잎이 흔들리는 아침
뜰에서 보고 싶어요
웃음 지으며
나무 아래 서 있는 당신을
청순한 이 아침에
보고 싶어요

어젯밤은 보름이었어요
뜰에 내린 달빛
어슬렁거리는 바람에
나뭇잎이 수근대고
누구의 그리움인지
모란 소복이 흔들릴 때
보고 싶었어요

달빛 취해
뜰에 선 당신이
눈물 가득
울음소리 없어도
나를 기다리실
당신이 보고 싶었어요

# 그리움 · 2

비가 내리는
토요일입니다

차이코프스키의 비창이
설원(雪原)의 썰매를 타고 질주합니다
가로수 밑으로 우산 받고 걸어가는
그대가 보입니다

오랜 시간이 지났습니다
오월의 토요일
한가로이 비가 내립니다

우리의 사랑이 너무 낭만적이었습니까?
미몽에서 내가 못 깨어난 탓입니까?
손바닥만큼의 여유에도
어김없이 그대는 나타나고
나는 멍하니 눈가 선연히
그대 잔영을 떠올립니다

그대는 내게로
독하게 몹시 잔인스럽게
각인되어 있습니다
떠나질 않고 머물러 있습니다

내 시야에서
가물가물
그대 모습이
뭇사람 발길 속에 묻힙니다
조용히 눈을 감습니다

비가 내리는
오월의 토요일
그대는 내 가슴에 살고
나는 갇히어 있습니다
그대 울타리 안에서
벗어나질 못한 채
나는 살고 있습니다

# 오월의 밤에

봄날에
라일락 꽃그늘 아래서
그를 사랑했습니다

오월의 보름밤
잔디 소복이
가등 아래 꿈꾸고
언덕배기 철쭉이
달빛에 젖어 설레고 있을 때
그를 사랑했습니다

순한 눈가에 부드러움 배인
동그스름한 어깨와
라일락 향긴지
머릿결 내음인지
내 눈과 귀를 감기던 날
그를 사랑했습니다

동해 바다
초록색 물결보다도
더 맑고

더 싱그럽고
더 향기롭게
그를 사랑했습니다

2장

Summer

# 여름

나는 행복한 놈
사랑스런 너를 거느리고 있다
쉽게 벗어나긴 어려울 것이다
내가 둘러쳐 논 가시덤불과 일렁이는 파도더미를
네 어린 날갯짓으론 못 넘을 것이다

# 선(線)

무심(無心)하기로 하고
용서하고 용서받기로 하고
수평으로 선 하나 긋는다

바람 스치는 소리 들으며
먼 하늘 사념 없이 바라보다가
어제의 것보다는 오늘이
넓고 깊음을 느낀다

무엇 하나 인연 아님이 없듯
매정해서는
사람의 일이 아님을
하늘이 알고 내가 안다

용서하고 용서받기로
무심히 선 하나 긋는다

편편히 누운 선
그런 선을 긋는다

# 저녁놀

비 내린 뒤끝에
황홀한 저녁놀이 지금
막 펼쳐졌습니다
붉게 타오른 구름결
그 밑에는
동해 바다빛 옥색 수면 위로
듬성듬성 모래섬이 떠 있고
아! 그 시절의 꿈처럼
황홀하다고 소리치고 싶습니다

섬들은 외롭습니다
옥색 바다는 누구의 가슴입니다
맑은 눈망울에 그윽이 차오르던
사랑의 기쁨,
황홀한 저녁놀에 가슴 뛰던
순연했던 그 가슴
오늘 그 사랑이
환희로 옥색 바다가 되어
내게 보입니다

마지막 그대 눈물인 것처럼
맑고 아름답게
그리고 슬프게
내게 보입니다

# 새 날이 밝기 전

새 날이 밝기 전
비긋지 않은
새벽길로
그대 보내고
멈칫멈칫 머뭇거리는
그댈 보내고
세상천지 무너지듯
허망하여
수일간을 헤매었네

그대 때문에
그대 슬픈 눈망울 때문에

# 청남빛 감동

머리맡에
음악이 앉은 밤
그대에게 한 모금 샘물로
아름다움 전하려 하오
콧속에 풀냄새가 폴폴 나서
지금 나는 새가 되었소
내 귀에 닿는 향기 높은 노래는
그대 입가에 살던 상냥함이라 생각하오

바람이 창밖에서
내 거동을 지켜보고 있소
내 작은 몸뚱어리, 미천한 육신에 흐르는
신비의 느낌을 저들이 아는가 보오
아침 바다 고요한 물살을 타는 돛배
나는 자유롭다오
끝 모르는 곳을 향해
자유의 깃을 달고 날아가는
청남빛 감동에
부끄럼 모르고 혼자 눈물 흘린다오

## Paganini - Violin Concert No.1

꽃의 부드러움으로 그대 날 바라보고
눈물 젖은 달콤함으로 내 귀에 그대 속삭였으나
나는 내심(內心)을 주지 못하였네
나를 사랑하는 순간, 그대 전부 진실일지라도
햇살에 금세 녹아버릴 봄눈처럼
밤새 좇다 놓친 꿈의 꼬리처럼 허망히 될까봐
그대 눈빛이
간절히 나를 원하여
그대 이끄는 길로
설혹 함정의 늪이 될 수 있는 곳까지도
눈감고 따라가 보았으나
나를 사랑하는 그대의 빛 너무나 화려하고 감미로워
비범(非凡)치 못한 내겐 벅찬 황홀함뿐이어서
마지막 발자국 옮겨 딛지 못하고
손가락 으껴 깨물며
울며 애써 돌아섰네

그대 유혹이 좀 서툴렀더라면
그대 눈빛 그리 곤혹히 나를 꿰뚫지만 않았더라면
그대 이끄는 손길 뿌리치진 못했으리

내게 있어 그대는 손닿지 않는 곳에 높이 떠 있어
부끄러운 나는 돌아서고 말았네
부족한 나를 돌봐야 했으므로

# 참으로 우연히

우연히 보았지요
소변 마려워 무심코 일어난 밤중인데
외양간 쪽에서 간간이 방울소리 들리고
천지가 정지된 고요뿐인데
우연히, 참으로 우연히 보았지요
미미한 바람의 느낌이 들판에 스며서
달빛 아래 안식과 평온의 잠이 깊기만 했는데
달에서 내려온 손이
옥수수 꽃술을 어루만지고
들깨밭 머리 위에 한낮의 시름을 보살피고
찬 기운에 떨고 있는 풀잎들의 설잠을 덮어주는
신비의 사랑을 보았지요
조금의 차별도 없이
만물을 추슬러 어루만지는
창조주의 은총이
한여름 밤 달빛의 손길로
천지에 베풀어지는 것을
참으로 우연히 보았지요

# 단비

흡족해 해서일까, 아니면
풀죽어서 노곤한 때문일까?
갖은 법석으로 가뭄을 탓하던 도시가
간밤 빗물에
포근히 잠들다

순한 아기처럼
마치 극성스러움 지운 지 오래인 것처럼

치켜 올라만 가던 신축공사가 멈추고
저수지모냥 빈 수영장엔
휑하니 물빛 번쩍인다

비는 그런 것인가 보다
허기를 채워주는 밥상처럼 달기도 하고
때론 오만을 떨던 도시의 낯짝에
후려부치는 따귀 몇 댄가 보다
노름으로 날밤 새운 눈
포기하는 잠인가 보다

# 장대비

네 속에 들어가 숨고 싶다
장대비 내리는 산골집, 한 여드레쯤 묻혀서
네가 가려준 골방에 갇히고 싶다

누가 찾아도 듣지 않고
꽃이 피었대도 듣지 않으리라

무감(無感)의 멍한 시선으로
가슴 풀어놓고
오직 숲의 정밀(精密)한 호흡으로
길고 긴 잠으로 가리라

인습이 된 내 말과 행위를 지우고
순백(純白)의 네 땅으로 돌아가
청아한 새의 음성 온 가슴으로 흡입하며
하늘 향해
편한 웃음 흘릴 수 있게 해다오

한 여드레쯤
장대비 내리는 숲속
골방에 갇혀
네가 가려준 잠으로 가고 싶다

# 어촌

뒷산에서 옮겨온 춘란(春蘭)이
창(窓)을 가리킨다

가늘한 비의 손길로
바다는 수면중,
비 젖은 어부들 돌아보고
바다새들 보이지 않는다

드센 바람에 쉬고
물때 맞아 일 나가고
시름에 절지 않고 기쁨에 들뜨지 않고
하늘의 이치대로
물결로 덮고 덮으며
순종으로 사는 곳

추녀 밑 강아지들
서로 기대 잠들고
소금기 밴 비안개가
장막을 내리는 어촌
백발노인의 주술(呪術)에
단잠 수렁 속으로 미끄러진다

# 그곳

내 늘 그곳을 갈망했다네
사방 대숲이 에워싸
하늘이 높이 올려 보이고
아침나절 바람 놀러와
새들 깨우는 장난질이 심하다 여겨지던 곳
먼발치 물소리
기억 끄트머리 잔 시름 묻고
나지막한 한낮의 그늘 아래
대숲 사잇길로 가슴 풀어놓고 걸어가면
방울방울 흔들리는 새의 음성들이
저음부 첼로의 대숲 바람에 파고들어
내 빈한한 영혼에
푸릇푸릇한 생화의 체취가 되어 주던 곳

내 늘 꿈꾸며 살고 있던 곳
아침이면 뜰 수북이 솟아오른 장미꽃 봉오리
물 뿌리며 향기 맡고 싶던 곳
비안개 두른 청산(靑山)이 늘 집 앞에 서서
신비의 조화로 눈 맑게 틔워주던 곳
내 늘 그곳을 갈망했다네

산, 대숲, 바람, 새, 안개, 물소리 데리고
내 좋은 이웃과 더불어
흙살같이 진솔해진 나를
그곳에 살게 하고 싶었네

## 네 눈 안으로 들어가

네 눈 안으로 들어가
내게 웃는 네 눈 안으로 들어가
네가 가꾼 뜰에 앉아
네 웃는 얘길 도란도란 듣노라면
세상은 온통 연둣빛

내 작은 가슴은
언제나 잔잔히
황홀히 눈감고
네 머무는 영혼의 숲, 그 향기에 이끌리어
수천 날 헤매어도
난 나오기 싫어

네 눈 안으로 들어가
내게 웃는 네 눈 안으로 들어가

# 그대의 노래

아름다워라
그대가 부르는 노래는
바람을 타고 흐르는 잎들의 사근거림처럼
싱그러워라
탐욕에 버림받은
내 신성함을 불현듯 회복시켜
영혼의 샘터로 인도하는
그대 향기로운 음성
안식과 평화의 그늘 아래
고이 나를 잠재우시다

아름다워라
그대가 부르는 노래는
나는 짙푸른 바다에 돛단배처럼
자유로워라
높은 하늘에서 쏟아져 내리는
진주알 같은 그대 음성
드넓은 천지를 유유히 떠다니며
고결한 그대 영혼에 취해
눈 감고 감미로이
그대 노래 따라 노 저어 간다오

# 나는 너의 군주

너는 나의 것
내 손 안에 든 목숨
내가 주는 먹이로 일용(日用)하고
내가 지어준 우리에서만 살아야 한다

오! 귀여운 것
파드득거리는 네 날갯짓
내 앞에서만 날아야 한다
내 품 안에서 너는 완전 자유고 평화다

나는 행복한 놈
사랑스런 너를 거느리고 있다
쉽게 벗어나긴 어려울 것이다
내가 둘러쳐 논 가시덤불과 일렁이는 파도더미를
네 어린 날갯짓으론 못 넘을 것이다

네 입으로 재잘대는
말과 노래, 어여쁜 몸짓거리
모두 내 소유다
내 품 안에서 웃고, 노래하고, 울고, 소리쳐라
오! 사랑스러운 것
나는 너의 군주이노라

# 풍경소리

9월의 짙푸름 속에
물 맑은 새소리
뒷담 바닥에 벌들의 떼죽음
풍경소리
쟁 쟁 쟁 쟁-

대굴대굴 구르는 생사(生死)의 몸부림
울부짖고 고꾸라지고 뒤엉키고 부들부들 떨고
다시 풍경소리
쟁 쟁 쟁 쟁-

오만한 숲의 고요한 침묵
산사(山寺) 뒷문
물소리 휘파람새 소리
인욕(忍辱)의 아귀탈 속에
바람에 흩어지는 풍경소리
쟁 쟁 쟁 쟁-

## 아침

긴 어둠이 지나고
아침이 왔습니다

산들거리는 나팔꽃 덩굴에
우- 산새들이 매달렸습니다
밤새 패여 나간 도랑에는
사금파리들이 흰 이를 내보이며
히죽히죽 웃고 있고
바람은 휑 뚫린 콧구멍으로
숲의 노래를 들려줍니다

쾌쾌한 부패를 털고
아침이 왔습니다

골목 가득
동네 애들 웃음소리
햇살이 신기한 표정으로
사금파리 위에 앉아
요리조리 거울장난을 하고 있고
매미도 잠 깨어

날개에 이슬 털고
오늘의 열창을 시작합니다

# 그녀

그녀는 앉는다
새털 위에 앉는다
잠시 옛 둥지에 돌아왔다
가지런히 깃 접는다
근심을 가려
흔적의 뿌리가 보이지 않게 한다
어제까지의 의심은 괜한 생각이었다

풀꽃이 핀다
노랗게 희게 사방에서
함초롬히 피어 있다
비 맞은 잎들이 빛난다
가을이 오기까진
새로운 꽃들이 필 것이다

평온의 깊이를 모른다
사랑을 잴 수 없듯이
꽃의 생명을 모른다
돌아온 꽃들이 의심을 덮고
사뿐사뿐 걸어와 그녀를 에워싼다
시듦을 모르는 듯 창밖 가득 피어 있다

# 사랑은 푸른 숨소리로

꽃술의 부드러움과
너울대는 바람의 싱그러움으로
아침은 오네

창가엔
노오란 햇살이
금실은실 실타래로
천방으로 뛰어다니고
아! 사랑은 이제
고통을 말하지 않네

눈 들어
창을 닦고
바람이 날아가는
창공을 바라보니
오! 사랑은 소녀처럼
푸른 숨소리로 뛰어가네
흰 꽃송이를 밟으면서

# 냉면집

정오(正午)를 갓 넘은
초하(初夏)의 연둣빛 그늘이
창호지 문살로
반지름히 배어드는
시장통 한복판 냉면집에는
줄무늬 티셔츠 입은 여인이
뭐 그리 즐거운지
목화송이마냥 벙그러진 환한 웃음을
사내 얼굴에 퍼부으며
눈빛 그윽이 꿰뚫어보기도 하고
짐짓 놀라듯이
물방울 튀는 눈웃음도 쳐 보는데
두 손 가지런히 귀에 모아 소곤거리고
면발 돌돌 말아 사내 입에
살큼 넣어주는 저 애교는 어쩌고

착한 사내는
순하고 너그러워
꽃 같은 여인은 향해
벙싯벙싯 웃어나 볼 뿐
귀밑머리 따 올린

하얀 웃음의 여인
여인의 사랑은 향기로워라
사랑받은 여인은 아름다워라

# 간결한 소원

나의 소원은 간결하옵니다

밤새고 난 감잎들이
윤기 넘치게 바람에 웃는 아침
뒷산 까치 두 마리
집짓는 모습이 정겹습니다

허망은 버린 지 오래
산야가 늘 신비롭고
착하고 연약한 마음을 보다듬고 사는
작은 나의 사랑은 소박합니다

지난 일로 이따금
어둔 밤 기도하는 비밀이 있긴 하오나
많이 치유된 정한(情恨)은
신선하고 너그러워져
용서하고 용서받는 일이
기쁨이 된 지 오래입니다

항시 작은 웃음으로
윤기 나는 바람의 눈빛을 좇게 하시고

내게 맞는 욕심만을 지킬 수 있도록
나의 간결한 소원 허락하여 주옵소서

## 도라지꽃

새벽 등산로
산 언덕에
한 떼 별밭으로
모여 사는 꽃

밤새워
별 바라본 눈망울엔
자주 물감 배이고
새벽을 지킨 순정은
하얗게 눈썹이 세고

보아주길 간청치 않으나
하늘 아래 피어
빛과 꿈을 지녔거늘
뉘 어여삐 여겨줄 이 있으면
저리 슬픈 얼굴은 아닐 것을!

하늘 아래
저희끼리
외로워 푸르게 피고

그리워 하얀 순정으로
한 떼의 별밭으로
모여 사는 꽃

## 바람아

바람아
나는 너를 퍽 좋아한다만
너의 형체를 알지는 못하는구나
들길 가다가
흙먼지 일구고 도망치는
장난꾸러기 같은 짓궂음이
네 모습이냐?
아님, 대나무숲 머리칼을 만지고 가는
손길의 감미로움이
네 모습이냐?

바람아
나는 네가 좋아
네 곁에 항시 서 있단다
풀밭을 지나는 네 숨결도
내 영혼은 듣고
네가 부르는
비 오는 날의 슬픈 노래도
내 가슴은 듣는단다

바람아
나는 네가 좋단다
때론 거칠게 몰아붙여
나를 당황케도 하지만
네가 만드는 웃음소리와
네가 들려주는 슬픈 전설까지
나는 네가 좋단다

# 푸른 소리

소리가 들린다
가만가만 내게로 오는 소리
귓가로, 가슴께로, 실샘 같은 눈물 속으로
가만가만 다가와서는
이내 나를 끌어안고, 무너뜨리고 마는

그때
숲에서 듣던 새의 음성은
향기 놓았던 탓으로
하늘이 드넓게 푸른빛으로 넘실거렸고
바람에 숲이 춤추듯 뛰어가고
나는 그만 눈이 멀어
영영 못 벗어날 초록 물감에 절은 가슴이 되어
밤마다 달빛에 취한 시내를 보고
꿈마다 보리밭길 치달려가는
뜨거운 가슴살의 소년이 되어

소리가 들린다
내 허락도 없이
내 속에 들어와
기쁨으로 날 들뜨게 하고

평생 못 벗어날 나의 운명을 매어놓고
푸른 눈물,
실샘 같은 순수의 눈물로
나를 살게 하는
울면서도 맑은 웃음 지을 수 있게 하는

소리가 들린다
푸른 소리가 들린다

# 사랑한다는 무언의 느낌

보고 싶었어요
그대 눈빛에
사랑한다는 무언의 느낌
그 느낌 정다워요

못 본 그리움
며칠 못 본 그리움이
봇물처럼 불어나서
넘쳐버릴 것 같아요
그대 고운 손
내 가슴에 얹고
피곤해 하는 그대 이마
만져줄 수 있어요

맑은 영혼에
착한 마음밭
조용한 눈빛으로
그대 곁에서는 항상
격앙되는 화음이 있어요

풀밭에 눕기 좋아하는 애들처럼
그대 곁에 가까이서
그대 향에 취해
기대어 가만히
바라보고 싶습니다

# 기다림

종일 망설이다
칠흑의 밤을 틈타
그대 창 희미한 불빛 따라
조심조심 찾아가서
창에 귀 대고
그대 숨소리 밤새워 듣다가
아침 되면
세숫물 맑게 길어
그대 뜰에 올려놓고
뽀송뽀송한 수건 접어 마루 위에 얹어놓다가
그대 눈 뜨는 인기척에 깜짝 놀라
급히 돌아와 기다리고

온종일 가슴 졸여
깊은 밤 찾아가서
그대 창에 귀 대고
그대 숨소리 밤새 듣다가
아침이면 샘물 길어
그대 뜰에 올려놓고
그대 인기척에 놀라
다시 돌아와 기다리고

## 푸른 산아

산아
푸른 산아
너는 참 좋겠다
천지에 애달고 서러워
가슴 칠 일 없어
산아
너는 참 좋겠다

맑은 하늘
맑게 받들고
푸른 새소리
푸른 가슴으로 품어 주고
지친 영혼들
넓은 뜰에서 편히 쉬어가게 하고

산아
푸른 산아
너는 참 좋겠다
가슴 칠 일 없어서

# 사랑 · 1

산비탈 내려오다
정렬해 선 새깃처럼
가지런히 입 내리고
이슬에 담쑥 젖어 있는
콩밭을 보았습니다

용서하는 일이
이토록 기쁘고 홀가분한 평화인 줄
예전엔 미처 몰랐습니다

생명은
구태여 나무람과 보탬이 없이도
제 스스로 자라고
제 위치에서 주어진 본분을
지키며 살아가고 있습니다

요즘
저의 생활은 축복입니다
심장의 숨소리가 신기하고
웃음 짓는 일이 자연스럽습니다
모든 이가 저를 반가이 보고
제가 모든 이를 기쁨으로 대합니다

사랑은
용서로부터 시작되는 것
용서함으로써 용서받고
부드러움을 줌으로써 부드러움을 받는
평이한 진실
이제 제게 터득되었습니다

또한 모든 죄는 욕심에서 연유되고
남의 것을 빼앗은 자는
남에게 빼앗길 것을 두려워하여
늘 불안 속에 살게 되고
때문에 나누어가짐을 즐거움으로 아는 삶,
궁극의 행복에 이르는 길입니다

참으로 우리가
욕심내어 찾아 가져야 할 것은
우리 주위에 즐비한 아름다움
-아침 뜰에 쏟아지는 새소리
골목 가득한 애들의 해맑은 웃음
비좁은 버스 안에서 자리 양보하는
어린 학생의 수줍음

담 너머로 주고받는 안부인사 몇 마디
놀고 난 자리 휴지 줍고 가는 가족들-

부족한 사람끼리 서로 위하고
하늘이 준 자연을 소중히 여기는
인간과 자연에 대한 사랑
우리가 영원히 사는 길입니다

## 사랑 · 2

오월의 마지막 날
아침비가 내립니다

아카시아 우거진 산중턱으로
광풍이 지나면서 가지가 꺾일 듯,
나무들이 사납게 흔들립니다

물방울 튀는 아스팔트는
장난치는 애들의 천진스런 얼굴로
빗물 속 목욕을 즐기고 있고
멀뚱히 서 있는 가로수들이
더위에 지친 날개를 내리고
숙연한 표정들입니다

절규하는 아말리아의 흐느낌이
차창 위에 흐릅니다
원망하고 있습니다
이루지 못한 사랑에 대해
그녀는 저주하고 있습니다

헤어짐을 예감하고
그 언젠가 강물 곁에서 듣던
차창에 묻어 있던 눈물,
말없이 뜨겁고도 차가웠던 눈물입니다

부처가 되어 가는가 봅니다
누군가의 도움으로 넓어지고 평온해집니다
나를 향해 주위가 웃고 너그러워 보입니다
단호히 뿌리친 당신의 모진 희생과
무수히 내가 간구한 당신에 대한 소생의 기도,
그 한 보답일 것입니다

외로움에 안쓰러워도 늘 혼자입니다
누구 하나 나의 진심을 모르고
아픔을 나눌 이가 없습니다
모든 사실들이 나의 시간 속을 지날수록
나에게는 당신뿐이라는 것을
확인시켜 줄 뿐입니다

순연했던 당신의 사랑 앞에
다시 설 수는 없겠지만

내가 할 수 있는 것은
외롭고 슬픈 시간으로 남을지라도
소중한 사랑을 아름답게 지키는 일입니다

아름다움을 느낍니다
때론 당신에 대한 안타까운 그리움도
비애를 타 넣은 독주(毒酒)일망정
아름답게 울며 마실 수 있습니다

꽃 피는 아침이 신비롭고
새들의 음성이 청아롭게 맑고
내 영혼은 더욱 그윽해집니다
모든 것 당신의 은혜입니다
굳게, 외로이 아름다움 지키며 살겠습니다

# 사랑 · 3

한겨울 내내
발목 묶어 놓고
문고리 잠가 놓고 산
차디찬 얼음조작들이
한바탕 흙탕물에 떠내려간 뒤
버들가지 간지럼 타는 밤이 오고
부끄러이 연둣빛 눈망울이 봄비 속에 보일 때
애들은 사랑을 찾아
산과 들로 뛰쳐나가나니
시내는 그들의 순결을 청순하게 닦아주고
햇살은 부드러운 소녀의 미소를 만든다

성하(盛夏)를 알리는
매미 울음이 푸른 숲에 자욱하고
꾀꼬리 황금 날갯짓에 숲이 취해 있을 때
뜨거운 입맞춤은 밤 이슥토록 끝날 줄 모르고
달빛은 머리 위에서
젊은 사랑의 열정에 신비로움을 보태 주었네

파란 하늘빛에 태양은 식고
뜰 앞에 우뚝 선 목신(木神)이
지친 호흡을 가다듬고 있을 때
추수를 마치고 가는 달구지의 귀로가
창문 멀리 사라지고
단맛 뒤에 오는 갈등의 틈새로
미움과 탄식의 눈물이 배어들어
멀어져가는 사랑 앞에
가슴을 치고 통곡하기에는
어설픈 나이가 되었고

잎을 잃은 가지들이 두려움에 떨며
빈 손으로 무언의 기도를 올리지만
혹한의 광풍이
뒷담 벽을 후려치고 가는 무정함이라니
이따금 희망으로 비치는 눈발은
잠시의 위안일 뿐
사랑은 가고
독한 그리움만 빈 가지에 걸리어

매운 연기에 가슴 뚫는 기침소리 커지면서
증오는 이내 허망으로
허망은 다시 용서로 터득되었나니
이제 남은 것은
용서하고, 나누어 주고, 기도하는 것뿐
성숙한 큰 사랑을 품고 사는 것이라네

3장

autumn

# 가을

이 가을을 택하여 이제는
내게 돌아와 주십시오
메말라 타들어가는 내 육신 위에
외로움 대신
내 곁에 당신이 있는
사랑을 주십시오

# 국화꽃

뒷담
무릎 채 못 오르는 키로
국화 한 다발
노란 구름으로 피었습니다

황갈색 나비
벌 떼들
꽃무덤에 매달릴 적마다
꽃송이는 간지러워
몸을 흔듭니다

하느님의 엄명으로
간지럼도 기쁨으로 받들고
늦가을 오후
뒷담 소복이
구름처럼 피어오른
국화 꽃밭에
잠시
가을 햇볕이
머물다 갑니다

# 당신의 뜻

신비한 날
당신이 손바닥에 펼쳐 보이신
오묘한 조화
갈 날이 고요합니다

미동 없이
나무는 이따금 잎을 떨구고
먼 길 떠나지 못한 잠자리는
마른 가지 끝과 하늘이 닿는 곳에서
졸음에 겨워합니다

소중히 여긴 삶
하루가 평화로 이루어지는
당신의 뜻은 신비합니다

불안한 영혼
뜰 안에 잠들게 하시고
외롭지 않게 돌보아 주시고
슬프지 않게 감싸주시는
평화로운 당신의 손
그 음성
그 숨결을 가까이서 듣습니다

삶을 아껴서
부드러운 당신 손길에
평화를 받들렵니다
가까이서 받들렵니다

# 서로를 느낍니다

검은 밤
어둔 숲속에 비 내립니다
이따금 나뭇잎과 빗방울이 부대끼는
소리가 들립니다
풀들이 나지막이 누웠습니다

빗소리에 잠 깬
그대 눈빛이
불편한 내 체온 가까이 다가옵니다

서로의 외로움이 진실하다는 것
마지막까지 그리워 살 것이라는 것
마음은 항시 슬픔 배인 기다림뿐이라는 것

우리는
태생으로 그리워하는 것입니다
평이한 일상의 움직임
나뭇잎이 바람에 살랑거리고
푸른 숲이 잠들고
어둠이 장막을 내리는
범사에도 우리는
서로를 느낍니다

빗소리 한 가닥에 잠 못 이룹니다
서로의 체온을 그리워합니다
수차 확인된
정확한 원인규명이 되지 않는
우리 사랑입니다

# 당신 음성

당신이 부르신 날
이토록 청명한 가을날을 택하여
맑은 눈빛으로 내게 보게 하시고
내 영혼의 뜰에 끝없는 샘물을 부어 주시는 당신,
자줏빛 과꽃이 뜰 아래서
마지막 소절의 햇볕을 즐기면서
떠날 채비를 잠시 잊고
풍요에 탐닉해 있음을 보십니다

멀리서 다시
당신 음성이 들립니다
차분한 색도(色度)로
내 눈 안으로 들어와
가슴 저미도록
그리움 부어 놓고
다시 멀어지려는 당신

청명한 바람이
저리 푸른빛인데
나는 너무 외로워 보입니다
과꽃의 화사함이 내겐 싫습니다

이 가을을 택하여 이제는
내게 돌아와 주십시오
메말라 타들어 가는 내 육신 위에
외로움 대신
내 곁에 당신이 있는
사랑을 주십시오

## 잔인한 일

만남은
잔인한 일
맴돌아 가더라도
마주치지는 말 일
돌아설 바엔
잔뿌리까지 거두어 갈 일

눈시울 적시며 사는 날
평생 이어지더라도
마주침은
너무 잔인한 일

떨고 있는 잎을 보아라
잎을 잃은 가지를 보아라

서러움은
애써 감춰
나타내 보이지 말고
사랑하는 길에
만남은 애처로워
마주침은 잔인한 일

## 9월의 산빛

혼기를 놓친 탓일까?
스물여덟 살 노처녀의 유두처럼
검푸르게 익은 산빛이
하늘 바다에 넘실거린다

최종정리에 들어간 수험생처럼
결단의 시간은 임박해 오고
머릿속은 더욱 또렷해져야 할 텐데
확신은 희미하다

물러설 수는 없다
시월이 오긴 오더라도
설혹 어쭙잖은 된서리에 벼락을 맞더라도
구월의 산빛은 오만해야 한다
걱정의 낌새라곤 보이지 말아야 한다

# 세월

그대 머물던 곳
평온한 언덕에
아침 안개 자욱하오
빈 들녘과 뒤켠 야채밭
시드는 풀섶에 찬 이슬 축축하여
오늘 아침은 걷지 않고
바라보기만 하려 하오

우리 두 가슴 사이로
다시 가을이 가면
아— 덧없이 가을이 가고 말면
우리가 언덕에 서서 바라보던 강물과
미루나무잎 햇살에 빛나 흐르던 계절은
어디로 가고 마는 것이오?

바라보는 이 없이도
강물은 흐르고
미루나무 이파리들 바람에 흐를 것이오만
빈 들녘에
찬 이슬 내리는 밤
그댈 멀리하고 살아온 세월이
너무 외로웠다오

들리지 않는 곳, 먼 곳에서
그대에게 다시 전하오
길고도 시린 나의 그리움을

## 당신 입술

당신 입술에
갈색 잠자리 앉았습니다

하늘에는
회색구름 낮게 흐르고
뒷걸음치는 여름 치맛자락 사이로
빗물이 샙니다

당신 입술에
코스모스 꽃잎 묻었습니다

들길에
배웅하는 아낙 뒤로
초가 동네 보이고
아쉬움의 손길 멀어집니다

당신 입술에
침묵이 물렸습니다

집게벌레 억센 이빨로
굳게 다문 입

말로는 않으리라는
모진 결심이 숨었습니다

# 가을이 오는가?

검푸른 느티나무 그늘 아래
아침길로
여인이 지난다
가을이 오는가?
머리깃 흔드는 바람이 찹다

어깨선이
백합꽃마냥 희다
방송국 아나운서는
코스모스가 어쩌구저쩌구 길게 외워대는데
가을이 오는가?
발걸음 또렷이 여물었다

하얀 샌들이 바람을 찬다
오만한 녹색(綠色)이 제풀에 무겁다
가을이 오는가?

# 내게서 멀어져 가는

흙먼지 날리는 들길
가뭇가뭇 멀어져 가는 계절
코스모스 마른 대궁처럼 가느다란 그대 허리에
평생 잉태한 그리움덩어릴
알로 배앟고 싶다

메뚜기 뱃속에
차곡차곡 모아둔 그리움의 시간들
이제는 가만히 꺼내어
반짝반짝 빛나는 보석들로
내 사랑의 정수(精髓)를
그대에게 증거해 보이고 싶다

죄(罪)와 죽음의 표정으로 서있는 초목(草木)들
가까이 다가가 그간의 노고를 위로해 주고
쭉정이만 남은 내 사랑의 허상(虛像)은
드높은 하늘 바다에
구름 몇 점으로 떠나보내고 싶다

내게서 멀어져 가는
이 계절에

## 슬픈 목숨

이 아름다운 날
넘실거리는 파란 물바다, 하늘 위로
그대 눈망울 맑게 흐릅니다

수차례 가을이 가고
또다시 그대 눈빛 속에
가을이 왔습니다

독 오른 꽃뱀의 등줄기같이
산이 짙푸른데
풍요의 시간 속에서
나는 슬픔을 감춥니다

남은 햇볕 야물게 쏟아지면
모든 과수(菓樹)는 열매를 익히겠지만
나는 돌아가 쉴 곳 정치 못했습니다

며칠 안 남은 황혼을 마시는 잠자리
그대 없이는
내 곁에 그대 없이는
단명(短命)의 황홀한 날갯짓 끝에

어느 이름 없는 마른 풀섶에 떨어질
슬픈 목숨입니다

## 계절병

눈시울 엷게 눌리는 날은
쑥 향기 풍기는 들길로
흘러가고 돌아나는 음표(音表) 따라
둥실 두둥실
흰 구름 한 쪽 두 쪽 뜯으며
지향(指向) 없이 걷고 싶구나

슬픔 지우고
잔욕심 거두고
황소걸음으로 느릿느릿
완행버스에 기대
가다 쉬고 가다 쉬고
오목한 산골마을 만나면
할매들 입담
하얀 박꽃의 전설로 들으며
밤엔 별점이나 치다 잠들고

쉬엄쉬엄
얼룩진 가을산을 넘어가는
해묵은 내 계절병
허허로운 가슴 데리고

바람소리 물소리 따라
지향 없이 가고 싶구나

# 처단

빈 가지 끝에
달랑달랑
갈잎 서너 장 달려 있다

여린 바람 기운에도
부지하지 힘든지
아슬아슬하다

지면에 긁히는
마른 잎들의 둔탁한 끌림
어딘가로 가고 있다

방금 창밖에
심술궂은 바람 지나갔고
우루루 몰려가는 비명소리 들렸다
처단되었나 보다

## 그쪽 나라 얘기

돌아와 주십시오
칸나의 입술이 아직 파란 하늘 아래서
붉게 타고 있을 때
잔디들의 손끝이 절망으로 검게 시들기 전에
내게 돌아와 주십시오
우리의 공허한 영혼을 맴도는
잠자리들의 유영(遊泳)이 끝나기 전에
내 머리맡에 돌아와 주십시오
여름밤 무구한 어린 가슴에 내리치던
천둥번개의 으름장도
어느덧 먼 기억으로 흘러가 버리고
서늘한 바람의 입김으로 이젠
밤 뜰에 벌레 울음이 애절히 맴돕니다
헛된 욕구는 차단되고, 정열은 샘이 말라
생명이 시들고 병들고 사리지는 계절
뭇 죄과에 대한 심판이 당도하기 전에
돌아와 주십시오
충동으로 산 과오와
부실(不實)한 수덕(修德)으로 늘 불안해하는 내게
내가 모르는 그쪽 나라의 얘기를 전해 주십시오

## 신비의 감쌈

늘 헤매다녔지
어려선
종달이 집 찾아 메밭 콩밭 두렁을 헤매다니고
커선 눈멀어 탐욕으로 잠 못 이루었지

우연히
아침 숲이 뱉어 논 수향(樹香)에 취해 있다가
물가에 놀고 있는 모차르트의 상냥한 화성을 들었지
신비의 감홍을 고이 감춰 두고
아무도 안 보는 곳에 숨어서
몰래 몰래 꺼내 보았지
쇠붙이로 바꿔먹던 옛날 아이스께끼, 그 맛 같았지

사랑은 늘 신기하지만
이내 가벼이 날아가 버리는 날갯짓
고열(高熱)의 감기 기운에
잠시 홍분과 기대를 동반하는
무지개 같은 것
연륜이 넘어가고 안개 걷히면
그저 일년생(一年生) 꽃의 화사한 개화(開花) 같은 것

시리고 쓰린 밤이 늘어갈수록
정만으론 견디기 힘든 일
사람의 숨소리나 느낌이 아닌
그 이상의 계시(啓示)의 감쌈이 있어야
자신을 지탱하며 돌볼 수 있는 것

몸은 비록 버려지 형상으로 헤맬지라도
영혼은 드높은 천상(天上)을 향해
정결히 늘 맑게 살아가야지
영혼 가까이 신비의 푸른빛 잃지 말아야지

# 지금은 가을

하느님
지금은 가을
당신 품에 안기는 때입니다

검푸른 산머리 위로
파아란 바닷물이 넘치고
날아가는 비늣방울의
빛나는 투명함이
이 계절의 윤택함을 상징합니다

하느님
지금은 가을
당신의 말씀에 귀 기울이는 때입니다

드높은 하늘로부터
덜 여문 우리의 눈과 귀에
푸른 보석으로 쏟아지는 계시(啓示)
두 손으로 겸손히 순종을 받들어
가슴 깊이 감사의 기도를 올리는 때
자신의 허물을 감싸 안을 때입니다

# 가을 기도 · 1

생명의 숨소리 들리지 않는 빈들
갈바람에 떨고 있는 들풀의 얼굴 위에
당신 볼 대주십시오
곧 시들고 마를 목숨
가엾은 민초(民草)의 생애(生涯)를 정리할
며칠의 온기(溫氣)를 내려 주십시오

사나운 도회의 거리
어지러이 쓸려 다니는 나뭇잎들
당신 손길로 인도하여 주십시오
이미 영혼이 날아가 버린 빈 껍질
눈감고 평온히 육신을 잠재울
저들의 귀향처를 정하여 주십시오

비록 보잘것없는 들풀의 생애였으나
분주히 일하고 꿈꾸며 살아온 노고가
찬란한 업적으로 당신 역사에 기록될 수는 없더라도
그들의 소명과 책무를 다한 것으로
당신이 인정하고 칭송해 주십시오
가엾은 민초(民草)들의 뒷모습, 저들의 곤궁함을
당신이 끌어안아 주십시오

# 가을 기도 · 2

한 해 감사드립니다
산야(山野)에 풀과 나무 살게 하시어
푸른빛 우리에게 신비로 늘 보게 하시고
온갖 생명들
민들레, 산나리, 잣나무, 느티나무, 토끼, 송아지,
모기, 뱀, 하루살이까지
우리가 나누어 이롭고 해로운 것들
모두 끌어안아 살게 하시고
대개는 온화한 나날을 주시었으나
비바람 들이치던 불면의 밤과
메마른 가뭄의 답답함 속에서도
생명을 보살피시어
달디단 과실을 여물게 하시고
머리 위엔 넘실대는 푸른 샘물로
우리의 보잘것없는 수고를 닦아주심은
지상(地上)에 아직 당신의 사랑이 닿고 있음과
우리에게 돌이켜 참삶을 살 기회를 남겨주심이오니
우리는 조용히 눈감고, 가슴에 손 얹어 생각하오리다

먼 옛날 처음 당신의 가르침
밭 갈고 씨 뿌려
이맘때쯤이면 온 가족 둘러앉아
거두어 온 곡식 앞에
서로의 노고를 위로하며
하늘과 이웃의 은혜에 감사드리던 일
들풀과 나무, 뭇 짐승처럼 동등한 생명의 자리에서
늘 겸손과 자비로써 사랑하며 살아갈 것을
굳게 언약하오리다

# 가을에는

햇볕이 아직 단단한데
하굣길 애들이
잠자리에 홀렸다
꽁지를 움켜쥐려는
저 매서운 눈초리 좀 봐

가을에는
여물어가는 백양나무 그늘 아래서
성경을 읽으며
누구를 기다리기보다는
누군가의 평온을 위해 기도하는 때
웃자란 여름의 죄과를
단죄하는 때

길가에 우-
모여선 코스모스들이
지나가는 손길마다
기웃기웃 안부를 물어
가을은
흩어진 기억들을 모아서
정갈한 서신 한 장을 띄우는 때

빈 방에 홀로 앉아
무리한 질주를 가다듬는 때

## 가을소리

뽀드득 뽀드득
단감의 윤기처럼
여섯 살 애의 덧니처럼
가을은 온다
야무지고 단단하게

첨벙첨벙
호수로 던진 돌의 물튀김처럼
첫사랑을 감지한
소녀의 부끄럼처럼
가을은 온다
상큼하고 감미롭게

어슬렁어슬렁
뒷짐 지고 가는
구부정한 노인네 걸음처럼
갈잎더미 떠밀고 가는 바람
노화가의 흐릿한 기억처럼
가을은 온다
외롭고 안쓰럽게

# 연갈색 미소로 내게 오는 가을

그대여
가을이 내게
어떻게 오는지 아십니까?

한 소절 향기 밴 음악처럼
해지는 정원 귀퉁이
감잎 익히는
연갈색 햇살의 미소로
내게 오는 가을을

그대여
내게 닿는
가을의 노래를 아십니까?

눈부신 푸르름
잔디에 누울라치면
메마름 타는 들꽃들이
구름길 따라
흘러흘러 가면서
짓는 노래를

# 하늘을 향해 가는 길

하늘을 향해 가는 길
들꽃이 흔들리고
갈나비의 나풀거림과
풀벌레들의 웃음소리가
키득키득 숨어 있는 곳,
착한 노인의 눈빛에
하느님의 신령이 들리어
하늘을 향해 가는 길
나는 자유인입니다

오늘 아름다움으로 사랑을 기억합니다
몽상에 가까운 바람의 느낌
내 말하지 않던가요?
바람이 만지고 가는
잎의 숨소리가 내겐 들린다고!

살은 썩고
영혼은 살아서
더 이상의 욕됨 없도록
누구도 범할 수 없는 초월의 자유인으로
끝내는 하늘에 닿을
순결한 영혼을 내게 주옵소서

# 빈 들

나의 벗이신 이, 그대여
내 손이 닿지 않는
먼 곳에 계시옵니다

어느덧
고개 묻은 이삭들의 침묵,
가을입니다

갈까마귀
거세고 검붉은
발톱과 혀로
여름이 만든 단물을
채어가 버리고 말면
빈 들입니다

모든 것 주은 자
모든 것 잃은 자
들의 언어를 가르치십시오

당신이 보여주시는
참의 가르침
빈 들의 침묵입니다

# 모든 것을 주었기로

질펀히 누워
가슴 풀어 헤치고
잿빛 눈가엔
안도의 기색 역력하네
모든 것 주었기로

바라는 것 없네
꿈은 떠나보낸 지 오래
하늘 향해
이따금 빙긋 웃어도 보지만
욕심 따윈 없다네
모든 것 주었기로

비어 있어
가득 찰 수 있음을
외로웁기로
깊어질 수 있음을
누운 들은 안다네
모든 것을 주었기로

# 가을이다

가을이다
빗물에 떨어진
황엽들이 머지않아
얼음장 밑에
말갛게 모여앉아
갇히어 있을

가을이다
한 떼의 바람 줄기로
우르르 떠밀려 휩쓸려가고
짙은 새벽안개
무리들 가운데서 떨어져 나와
못나서 울고
아파서 우는

가을이다
메마른 가슴벽에
조그만 손거울 매달아 놓고
두볼 감싸 쥐고
안쓰러워 눈감다가
소리 없는 울음도 우는

# 둘이 걸어갑시다

갈무리 끝난 들길로
나나 무스쿠리(Ioanna Mouskouri) 은실 음색이
나지막이 깔리는 11월의 오후
햇볕 등 뒤로 받으며
어깨를 나란히 하고
우리 둘이 걸어갑시다

푸른 웃음으로
더 이상 잎들은 반기지 않고
바람도 우리의 정열을 부추길 온화함을 잃었을 때
말은 없더라도
기우는 오후의 햇볕
등 뒤로 받으며
우리 둘이 걸어갑시다

뼈 시린 허망한
먼 기억의 조각들을
외로운 영혼의 숨소리로 불러내어
조금씩 서로의 위안을 삼고
여름이 버리고 간 시신들을 밟으며
기우는 햇볕 아래

어깨를 붙이고
우리 둘이 걸어갑시다

침묵과 인고의 나라로!

## 그럴만한 사연이 있었는지 몰라

그럴만한 사연이 있었는지 몰라
그 사람에게
그럴만한 사연이 있었는지 몰라
나에게도

선선한 바람 기운에
잎들이 떨고 있는데
눈가 젖은 채
그리움 선연해
멀리 돌아가는 강물을 보네

애써 돌아선 사람
그럴만한 사연이 있었을 거야
그리움에 묻힌
잎 여무는 숲길
메마른 가슴의 사람에게도
그럴만한 사연이 있었을 거야

이제 모든 것을 바라고
모든 것을 용서하며
모든 것에 자비로운 슬픔을 나누어 주고

그럴만한 일에 그럴만한 사연이
모든 것에 있을 수 있음을
바라고, 용서하며, 기다리며…

# 빈 손이오

뭇 시선들이 빠져나간 야밤
갈잎들만 이리저리
어지러이 도로 위에 쓸려다니는
빈한한 거리에서
찾아보았소
빈 손이오

잔정만 남아
그리움 모질게 부추기오
내게 손길 주기 않는데
부끄럼도 없이
참으로 부끄러움도 없이
새벽 이슥토록
도시를 헤매었소
빈 손이오

혹한 예보가 들리는
계절의 끝
휑한 눈가에 허기진 그리움으로
굶주린 들짐승처럼
밤거리에서 울부짖었소
빈 손이오

## 보고픔

벅차오르는
그대 보고픔
어이 누를까요?

창 열면
바람결에
그대 향이 들리고
하늘에선
그대 울음이
떠다녀요

벅차오르는
그대 보고픔
어이 잊을까요?

멀리 돌아가는 강물은
말이 없어요
꽃 시드는 밤
달빛도 쳐다만 볼 뿐
말이 없어요

# 매운탕

부글부글 끓는 투가리 속에
강물은 시뻘건 고추장물
봄뜰은 깨운한 뒷맛으로 양념이 되고
은물결 가르던 피라미는
별수 없이 고단백 살점이 되어
콧등 반지름한 매운탕

사랑아
이리 오렴
눈 딱 감고 군침 말아
가까이 있는 친숙함
우리 둘뿐이니
땀 찔찔 흘리며
매운 국물에 밥 말아 먹고
사랑은
콧등에 송송 솟는 땀방울처럼
네 맘, 내 맘이
진솔하기 그지없구나
야! 이거 사랑이로구나

# 정결함

그대 사랑함에
소홀함이 없도록 하여 주옵소서
한 톨의 식량도 흘리지 않고
한 움큼의 정성도 게을리 않는 기다림과
잠 안 오는 밤이 지난 후
그대를 만나면
어디에서고 그대를 만나면
내 그대 사랑함에
한 치의 오차도 없었음을
증거해 보일 수 있도록
내 영혼과 육체에
정결함을 잃지 않게 하옵소서

모진 외로움
세상 천박한 욕심에
빗금 긋지 않게
내 육신에
채찍질 게을리 마옵소서
채찍질 게을리 마옵소서

# 너를 보내고

너를 보내고 돌아오는 길목에서
나는 보았다
전신주 위에서 멀거니 내려다보는
창백한 네 얼굴을

만취된 슬픔은 엿가락처럼
온몸에 휘감겨들고
너와 내가 섞었던 뜨거운 점액
그래, 너는 내게 그러한 비중의 사랑이었다

말짱해 보였던 글자들, 모든 숫자와 약속들이
힘에 겨워서 와르르 무너진다
그러나 너와 내가 나눈 눈물의 길이만큼
파랗게 얼어붙은 밤 골목에서
우리의 사랑이
수정처럼 맑다

4장

winter

# 겨울

오늘처럼 첫눈 내리는
저녁 어스름에는
하루쯤 골라서
동네 어귀 포장마차에서
얼큰히 한잔 취하고 싶군요
눈발에 취했는지
옛일에 취했는지
고향 언덕에 잠시 등 기대인 듯이

# 눈과 여인

냇가
빨래하는 여인(女人)
볼 위에
눈 내리네

하얀 치마 받쳐 입고
사뿐사뿐 날갯짓하며
지상에 내려앉는

힘없이 웃고
말없이 부드러운

핼금핼금 눈치 보며
여인 주윌 맴돌다가
발그레 상기된 볼 위에
불현듯 다가가
섬뜩 놀래켜 주고
금세 상냥해져 깔깔거리며 도망치는
천진스런 네 장난기
그래 안다니깐,
부드러운 네 심성을 벌써 안다니깐

# 늙은 딸

아이 징그러워라
무슨 짐승 같은 짓이여?

손님들 한 썰물로 빠져나가고
주방바닥에 퍼져 앉은 아주매들
시름시름 파뿌리 다듬고 있고
목이 긴 난로 위엔 주전자에서
설원여행(雪原旅行)이라도 어디 신나게 떠나는지
버글버글 기관차 흉낼 낸다

아까부터 문지방에서 슬슬 눈치 보던 딸
삼십도 넘은 여편네가
계산대에 졸고 있는 에미 뒤로 다가가선
뒤켠으로 손을 넣어
물박 같은 늙은 젖을 더듬기 시작한다
익히 보아온 일인 듯
실눈으로 힐끗 돌아보고는
졸음 반 어림 반 에미는 매상을 점검중이다

아이 징그러워
무슨 짐승 같은 짓거리여?

쭈글쭈글한 젖통 속에 무엇이 들었길래
에미 따라 다니는 애소마냥
벌건 대낮에 별 흉낼 다 내고 있네 그려

## 내가 산다

너를 두고
내가 산다

시린 외로움에
육신의 가지마다
무서리가 엉겨 붙고
밤마다 거듭되는
독한 술래잡기는
꿈으로 말하던
사랑은 아니다

지상 어디엔가 네가 있을 텐데
나는 너를 찾지 않는다

깃발을 들지 않는다

숨소리 죽여
언 땅에 묻는다

너를 두고
내가 산다

## 어둠을 쓰는 사람들

채 가시지 않은
남은 어둠을 마시며
어둠을 쓸어
어둠을 밀어내는 사람들

단잠의 고리를
애써 잘라내고
촘촘히 옷 여며 입고
새벽을 여는 사람들

뉜들 곤한 잠 물리치고 싶었을까?
애들 챙겨 학교 보내고 싶잖았을까?
식구 둘러앉아 조반 들고 싶잖았을까?

누구의 시선도 없는
텅 빈 거리
어둠의 찌꺼기를 쓸어 모아
혼탁의 세상을 닦고 일깨우나니
우리의 정결한 새날을 준비하는 이의
그 숭고한 근면함이여!
아름답고도 감사로워라

# 어머니

고개 숙인 까만 머리카락 위에
합장한 두 손 위에
소록소록
싸락눈 내리는 새벽

하얀 종지발에 정화수로
장독 위에 모셔 놓고
삼신님께
전능하신 하늘님께
간구(懇求)하는 촌부(村婦) 하나 있었나니
어머니시여!

사시나무 떨리듯
온몸은 반송장이 되어 가도
오직 한 소원은 자식 위해
빌고, 또 빌었나니
희생을 반으로 접어 산
어머니시여!

세상 사람들
엄동설한(嚴冬雪寒) 추위 매서워 못 나오고

정성으론 백일기도 엄두 못 낼 때
폭풍한설 혹한의 새벽에
정화수 한 사발로
온몸 던져 간구하는 지어미기 있었나니
천지신령이 내려다보시고
하늘님이 차마 청을 거절치 못한 이
어머니시여!
우리 어머니시여!

# 산마을

눈바다 속에서
빠끔히 눈뜬 마을
달은
천지 가운데서 비추고
창공엔
연기처럼
구름 몇 송이 떠 있다

밤길 걸어간 이
어디쯤에 닿았을까?
달빛 받으며
눈길 헤치고 간 이
눈에 취하진 않았을까?

산야에 신비로이
달빛은 은빛이라
향기도 없이
천지가 고요하다

## 참회의 기도

새벽을 빠져나가는 찻소리
물살 헤치듯
머언 시공(時空)으로 휩쓸려가는
정결(淨潔)의 시간에
기도하게 하옵소서

노쇠(老衰)한 육신으로
시골에 묻혀
새벽잠 깬
불편한 그분의 체온을 위해
기도하게 하옵소서

또렷한 기억으로
내 삶의 큰 고비마다
혹한의 새벽에
정화수 한 종발로
온몸 던져 간구(懇求)한
그분의 순백(純白)의 영혼을
위로하여 주옵소서

기도하게 하옵소서

## 시네마 파라다이스 · 1

백일 날 아침 되길 기다려
아흔아홉 날 밤
눈보라 휘몰아치던 골목
잠들 기력조차 희미해져
그대 창 앞에
서 있었네

그대가 마침내는
내 기다림에 감동하여
나를 사랑하게 되리라고
백일 날 아침이면
창 열어 날 반기리라고
눈보라 한파(寒波) 속에
서 있었네

새벽 지나
백일의 아침은 밝고
혼미의 시력으로 거듭 바라보았건만
문은 열리지 않았네
아름다운 그대 모습
보이지 않았네

절망으로 돌아와
엎드려 흐느낄 때
등 뒤에 웬 인기척 있어
아! 그대가 이슬방울 눈가에 글썽이며
웃고 서 있을 줄이야!

절망으로 돌아서 가는
지친 내 발길이
용기를 주었네
창문 못 열고 울던 사랑을
내게 보내주었네

## 시네마 파라다이스 · 2

날 데려다 주오
안개 자욱이 피어
들장미 잠 덜 깬 덤불 너머
언덕배기 그 집에는
눈 맑은 소녀 아직 살고 있어
창 앞에 나와 날 기다리고 있을
그 곳으로 날 데려다 주오

정오의 뙤약볕이
대지를 불사를 때
나무 뒤에 숨어서 본
꾀꼬리 한 쌍의 농염의 사랑이
유월의 밀림 속을 유영(遊泳)하던
숲의 바다 한가운데
그 곳으로 날 데려다 주오

안쓰러이 타들어가는 육신이
외진 구석으로 몰리고 몰리는
황엽(黃葉)의 몸부림, 그 육성(肉聲)이
애처롭게 들리어
강가로 이어진 밀밭 길로

밤 이슥토록 이슬 맞으며
그녀의 환상을 좇던 곳
그 곳으로 날 데려다 주오

지금 비록
유령의 성(城)이 되었을망정
내 연약한 사랑이 움튼 곳
먼 기억의 초지(草地)에
눈 맑은 소녀가 살았고
들장미 덤불 너머 창가에서
날 기다리고 있었는데
내 기억의 버팀목이 삭아버리기 전에
그 곳으로 날 데려다 주오

# 빗물 속의 나무

밤 이슥토록
잠은 안 오고
창밖엔
비 맞고 서 있는 나무가 있소

잎을 잃고
맨몸인 나무에게
아까부터 주문해 놓은 대화가
꽤 오래된 듯한데
아무런 응답이 없소

참으로 부러운 존재요
침묵으로 일관하는 의지가 장하고
겨울을 인내하는 생명력이 부럽소
꿈꾸되
그대 심성을 닮지 못한 나는
교활한 목숨이오
그대 어울리는 벗은
나약한 내가 아리라
뒤뜰을 지키는 가로등인 것 같소

말이 없고
빗물 두려워하는 기색이 없으므로
둘은 잘 어울리는 벗이 될 만하오

나는 번민하는 목숨
그대들의 대화나 짐작하면서
빗물에 젖는 뜰이나 걱정하려 하오

# 돌아서 간 길

지나온 동안
만났던 갈림길
돌아서 간 그 길 위로

어린 눈망울에
해질녘
해빙의 얼음치기를 끝내고
썰매 끼고 돌아오는
얼굴 새까만 애들이 보이고
만원버스에 시달린
입시가방 속에는
봄밤에 설레던 개나리 꽃담길이 보이는데

한여름
비 퍼붓던 밤
아말리아의 절규 속에
어느 여인의 하얀 눈물이
목줄기까지 소리 없이 흐르더랬는데

몇 개의 갈림길
누구를 위해선가
어려운 선택을 했을 거야
다시 돌아가기 어려운
그런 선택을 했을 거야

# 보담을 수만 있다면

끔찍이
그대를 생각해
보담을 수만 있다면
소중한 그대를
보담을 수만 있다면
그대 보는 내 눈이
품은 채로 눈멀어
세상 아름다움 볼 수 없어도
원망 않으리

꿈이 아니고
소망이 아니고
다신 눈뜨지 못할지라도
그대를 보담을 수만 있다면
내 품에 그대를 보담을 수만 있다면

## 여기 있습니다

여기 있습니다
나를 부르시지 않습니까?
처음 당신이 나를 발견한 곳
여기에
푸른 옷 입고 서 있습니다

당신 눈빛이 보이질 않습니다
내게 늘 부드러운 안식(安息)이던
당신 음성이 들리지 않습니다
내 앞으로 시린 모래바람이 불고
가슴섶까지 서리가 엉기어
더 이상 기다리며 서 있는 것은
무리한 그대의 허망(虛望)입니다

여기 있습니다
푸른 옷 입고 청초한 모습으로
당신이 나를 발견한 곳
여기에
서 있습니다

# 새벽 종소리

머언 새벽 종소리
쿠 우 웅-
그대 가서 멀리
부처 되었나?

가시덤불 밟고 가서
진흙벌 달려가서
물 속에 숨었다가
안개 피는 새벽이면
눠 잠든 영혼 속에
종을 치는가?

쿠- 우- 웅-
나를 거두고
욕심을 넘어서
큰 길로 나오라고
종을 치는가?

# 겨울 · 1

냇물에 비친
사방이 아름답다
돌 틈새로 꼬리치는 물살에
발목이 간지럽다
모래알들이 꼼지락거린다
피래미 꼬리에 흔들린다

하얀 숲이 들어와
청솔가지 더욱 푸르다
작음 몸뚱이 산새들
낮은 잡목 숲으로 옮겨 다닌다

참 맑다
겨울이 청빈하다

# 겨울 · 2

배앓는 입김이 고스란히
문고리 성애로 달라붙는 밤
창문 불빛에
가난한 애비의 서러움이
희미하게 배이고
아득한 설원(雪原)처럼 밤은
길고도 멀었다

뒷골목에 모여
호호 손 불어가며
딱지치기, 구슬치기 하던 애들
까만 얼굴이 보인다

서릿발 으적으적 밟으며 학교 가는 길
들새들 도랑 덤불에서 포롱포롱 날아오르고
먼 산에서 눈바람 일어
겨울이 아득했다

# 새

희미한 창빛 너머
새가 운다
내 죄과(罪過) 위에
거듭 쌓이는 내 어리석음 위에
새가 운다

무너져 내린 성(城)터
내 영혼의 빈 가지에 찾아와
유년(幼年)의 시골 뒷간 벽에 칠해 놓은
숯검뎅이 낙서로 나를 기억시키는
새가 운다

더 이상 못 가는 길
절망으로 추락하기 직전
희미한 존재(存在)의 시간에
나의 창에 찾아와
나를 기억시키는
새가 운다

## 수향(樹香)

마른 수목(樹木)의 향(香)으로
나는 외롭지 않다

두터운 각질 속에 웅크린 눈들이 내뿜는
수액(樹液)이 향기로워
나는 견딜만하다

언 땅에
맨발로 서서
침묵으로 일관한다
벌레 한 마리, 나비 한 쌍
숲에 보이지 않는다

인고(忍苦)의 긴 잠 속에서
냉수만 들이켜고 있는 수목들
섬세한 내 후각은
미미한 수향(樹香)을 놓치지 않는다

겨울 숲이 예비하는 꿈
눈감고 듣는다
나는 외롭지 않다

## 겨울밤

잔바람 내려와
저녁이 여물면
말간 먹물의 담백함으로
밤이 온다

창 불빛 새나오는 곳
시름이 멎고
전선줄 타고
늙은 어머니의 안부를 듣는다

이만치서
더 아쉬워할 것
더 미워할 것 남았는가?

부여받은 땀은
건기(乾期)에 저수지 바닥처럼 끝나 가고
남은 기력은
뒷마무리에도 부치다

밤바람이
얼음처럼 시리다

# 섬마을

바닷가
외딴 섬에
눈 내립니다

깜박 깜박
선착장 가등(街燈)이 졸고
희미한 불빛
골목 어귀에 번집니다

초록 지붕과 뒷담 대숲도
눈발에 가려
어둠에 묻혀
마을은 잠들었습니다

바닷물은
빈 배들의 안식을 위해
가만가만 흔들어 줄 뿐
섬마을 하얀 꿈길을
깨우지 않았습니다

# 서러움의 밤

서러움의 밤이었다
눈발이 흩는지 바람이 쫓는지
갈잎 쓸려 마루 밑으로 기어들고
아무도 찾아오지 않았다

이따금 외침이 있었다
새끼 찾는 에미의 지친 울음 같은
빈 산 나무들의 신음소리
가슴은 나사처럼 조여들어
허공에 못질 치는 뜨거운 화상(火傷)
아무런 대꾸 없었다

꺼져 가는 불빛이었다
눈시울 붉어 베갯잇 젖고
머리맡에 밤은 길었다
바람이 쉬고 눈이 그쳐도
가까스로 부지한 불빛
발자국 소리 들리지 않았다

# 늦사랑

푸드득 푸드득
닭털 뜯기듯 겨울비가 내리고
내겐 늦사랑이었다

먼 기억 속에
아침 물살을 가르는
금빛 뱃고동소리가
그대 숨소리 새로 들렸다

도망병처럼
밤새 밀림을 헤치고
포위망을 피하고 피해
둘은 도달했다
불완전한 느낌이
서로의 확인을 강하게 요구했다

머리맡에 앉은
창가의 비둘기들
흰 날갯짓이 산뜻하다

수년간 묵은 비가 쌓이고
뱃고동소리 먼 기억의 행로에
아침을 열고
해장국 골목 시장기 느끼는
늦사랑이었다

## 다짐

침묵할 것
틀림없이 여기가 바닥이라고 확신하기까지
침묵할 것

가라앉을 것
정황(情況)을 무시하고
부끄럼 따윈 아예 상관치 말고
눈 감고 새털 내려앉듯
가라앉을 것

평정할 것
괜한 노여움을 씻어내고
덤덤히 보고
가지 끝에 실잠 든 잠자리처럼
균형을 가늠하여
평정에 들 것

기도할 것
절대신을 구하지 말고
부족한 자신을 위한의 말로
타이르고 달래줄 것

스스로 제 모양에 만족하고 자리 지키는
들판 미루나무처럼
하늘과 땅을 향해 경건히
분에 맞는 기도를 할 것

## 적당한 바보

세상사에 어울리는 바보가 되리라
세상사에 어울리지 않는 바보가 되리라

아는 체 않고 모르는 체 않고
살아있는 듯 숨어 사라진 듯
뿌리가 있는 듯 떠다니는 듯
적당한 바보가 되리라

아픔에 울고 기쁨에 웃고
부족한 데 보태고 남는 데 아끼고
잘나고 못남을, 잘살고 못 삶을 구분치 않고
그럴만한 일에 그럴 수 있다고 내심 여기면서
적당한 바보가 되리라

때론 매인 몸같이, 때론 풀려난 망아지같이
그러나 교활하고 사악하진 않게
세상일 기뻐하며 세상일 슬퍼하며
늘 작은 것으로 감사해 하며
둘레둘레 손잡고 둥글둥글 어울려
적당한 바보가 되리라

# 밤

토시락 토시락
풀끝 덮는 손길
손끝에 매달린 요령 소리에
너는 잠을 청한다

잘칵 잘칵
열쇠 내리는 소리
그늘 아래서
서글픈 얘기 들으며
황혼의 꼬리를 잡고
너는 잠을 청한다

어스름은 너의 지아비
고달픈 네 어깨 다독거리며
슬픔을 위로한다
아직 잠들지 않은 욕심을 위해
파리한 네 이마 위에
밤은 손 없어
회색 이불을 덮는다

## 잃음

그대를 잃었으므로
나는 눈을 잃었네
나뭇잎의 윤기가 보이지 않고
냇물소리가 들리지 않네
그대 곁 가까이서
햇살에 빛나던
아침 이슬의 영롱함이
그대 없으므로
빛나지 않네

그대 돌아오지 않으므로
나는 꿈을 접었네
숲으로 걷지 않고
꽃피는 아침을 보지 않고
새들의 신기한 목소리 들리지 않네

그대가 보이지 않으므로
그대 만나길 꿈꾸질 않고
다시는 나는 그대 모습을 보지 못하리
먼발치로도 그대를 피하여
숨어 다니리
그대를 잃었으므로

# 눈발

반가움 차오르네
이렇게 눈 내리면
어릴 적 두고 온 뒷동산 생각나네
참나무 마른 가지인 채로
눈발 속에 쓸쓸히 서 있겠지
강아지모양 뒷가를 뛰어다니던
애들 얼굴은 바뀌었지만
나뭇잎이 쌓인 데는
여전히 누워 편히 잠들만큼
푹신한 감촉이겠거늘

오늘처럼 첫눈 내리는
저녁 어스름에는
하루쯤 골라서
동네 어귀 포장마차에서
얼큰히 한잔 취하고 싶군요
눈발에 취했는지
옛일에 취했는지
고향 언덕에 잠시 등 기대인 듯이

## 성령 기도

오- 성령이시여!
어둠과 고뇌를 떨치고
신성한 새벽을 맞는 숲처럼
탐욕과 교만으로 얼룩진 제 죄과의 상처를
성령의 맑은 샘물로 정결히 씻어 주소서

오- 성령이시여!
가뭄 끝에 단비 맞은 초목들이
오월의 훈풍에 축복과 은총의 춤을 추듯이
제 가엾은 믿음과 불안한 평화를
뜨거운 성령의 불길로 굳세게 단련시키시어
늘 주님의 말씀으로 기뻐 살게 하소서

오- 성령이시여!
한여름의 노고를 바친 후
따사로운 햇살 아래 달디 단 과일을 익히고
가지를 떠나는 연갈색 감잎처럼
제게 순명과 겸손을 가르치시어
늘 주님의 품안에서 감사와 기도로 살게 하소서

오- 성령이시여!
깊어가는 어둔 밤
흐릿한 불빛 보이는 집
그 지붕 위에 내리는 하얀 눈처럼
저희 가정을 늘 순결과 자비로 감싸 주소서
작은 소득으로 만족케 하시고
어렵고 약한 자의 편에 서서
주님께서 행하신 대로 선행을 나누며
참 기쁨으로 헌신의 삶을 살게 하소서